+Atividades
Matemática

Linos Galdonne

Nome:
Turma:
Escola:
Professor:

Dados Internacionais de Catalogação na Publicação (CIP)
(Câmara Brasileira do Livro, SP, Brasil)

Galdonne, Linos
   + Atividades: matemática, 2 / Linos Galdonne. – São Paulo: Editora do Brasil, 2016.

   ISBN 978-85-10-06135-3 (aluno)
   ISBN 978-85-10-06381-4 (professor)

   1. Matemática (Ensino fundamental) 2. Matemática (Ensino fundamental) - Atividades e exercícios I. Título.

16-04265   CDD-372.7

Índices para catálogo sistemático:
1. Matemática: Ensino fundamental 372.7

© Editora do Brasil S.A., 2016
Todos os direitos reservados

Direção-geral: Vicente Tortamano Avanso
Direção adjunta: Maria Lucia Kerr Cavalcante de Queiroz

Direção editorial: Cibele Mendes Curto Santos
Gerência editorial: Felipe Ramos Poletti
Supervisão editorial: Erika Caldin
Supervisão de arte, editoração e produção digital: Adelaide Carolina Cerutti
Supervisão de direitos autorais: Marilisa Bertolone Mendes
Supervisão de controle de processos editoriais: Marta Dias Portero
Supervisão de revisão: Dora Helena Feres
Consultoria de iconografia: Tempo Composto Col. de Dados Ltda.

Coordenação de edição: Valéria Elvira Prete
Edição: Edson Ferreira de Souza e Rodrigo Pessota
Assistência editorial: Andriele Carvalho
Auxílio editorial: Paola Olegário da Costa
Coordenação de revisão: Otacilio Palareti
Copidesque: Gisélia Costa e Sylmara Beletti
Revisão: Alexandra Resende e Maria Alice Gonçalves
Coordenação de iconografia: Léo Burgos
Pesquisa iconográfica: Adriana Vaz Abrão
Coordenação de arte: Maria Aparecida Alves
Assistência de arte: Carla Del Matto
Design gráfico: Estúdio Sintonia e Patrícia Lino
Capa: Maria Aparecida Alves
Imagem de capa: anaken2012/Shutterstock.com
Ilustrações: Eduardo Belmiro, João P. Mazzoco, Marco Cortez, Ronaldo Barata e Saulo Nunes Marques
Coordenação de editoração eletrônica: Abdonildo José de Lima Santos
Editoração eletrônica: Armando F. Tomiyoshi e Gabriela César
Licenciamentos de textos: Cinthya Utiyama, Paula Harue Tozaki e Renata Garbellini
Coordenação de produção CPE: Leila P. Jungstedt
Controle de processos editoriais: Beatriz Villanueva, Bruna Alves, Carlos Nunes e Rafael Machado

1ª edição / 6ª impressão, 2025
Impresso na Hawaii Gráfica e Editora

Avenida das Nações Unidas, 12901
Torre Oeste, 20º andar
São Paulo, SP – CEP: 04578-910
Fone: +55 11 3226-0211
www.editoradobrasil.com.br

Sumário

Revendo conceitos 5
1. Utilizando a matemática 6
2. Os números 7
3. De 0 a 10 9
4. Sequências 11

A matemática no dia a dia 13
5. Tabelas e gráficos 14
6. Calendário 15
7. Medidas 17
8. Nosso dinheiro 18
9. Figuras geométricas não planas 20

Adição 21
10. Ideias da adição 22
11. Representação da adição 23
12. Adição de três números 25
13. Ordem crescente e ordem decrescente 26

Geometria 28
14. Sólidos geométricos 29
15. Vistas 30

Subtração 32
16. Ideias da subtração 33
17. Representação da subtração 34
18. Situações de subtração 35
19. Adição e subtração 37

Números até 100 38
20. De 0 a 10 39
21. Dezena 40
22. De 0 a 19 41
23. De 10 em 10 44
24. De 0 a 100 46
25. Sequências numéricas 47

Adição e subtração 49
26. Adição com números até 99 50
27. Subtração com números até 99 51

Multiplicação e divisão 53
28. Ideias da multiplicação 54
29. Multiplicação por 2 55
30. Multiplicação por 3 56
31. Multiplicação por 4 58
32. Multiplicação por 5 59
33. Ideias da divisão 60
34. Situações de divisão 62
35. Divisão por 4 e por 5 63

REVENDO CONCEITOS

1. UTILIZANDO A MATEMÁTICA
2. OS NÚMEROS
3. DE 0 A 10
4. SEQUÊNCIAS

1. UTILIZANDO A MATEMÁTICA

1 NOS DESENHOS A SEGUIR, LIGUE CADA NÚMERO INDICADO COM SEU SIGNIFICADO.

2 PINTE DE AMARELO O NOME DO ANIMAL MAIOR E DE VERMELHO O NOME DO ANIMAL MENOR.

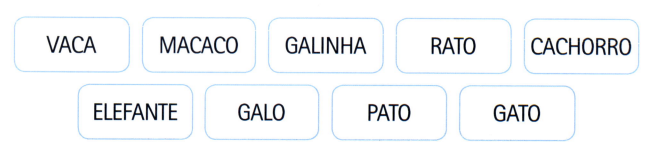

3 PINTE DA MESMA COR OS PARES DE PALAVRAS QUE CORRESPONDEM À MESMA COMPARAÇÃO DE MEDIDA. OBSERVE O EXEMPLO.

ALTO	PERTO	CURTO	GROSSO
LONGE	GRANDE	MAIOR	DIFERENTE
POUCO	BAIXO	IGUAL	PESADO
FINO	LEVE	LARGO	MENOR
ESTREITO	MUITO	COMPRIDO	PEQUENO

2. OS NÚMEROS

1 COMPLETE O QUADRO COM OS ALGARISMOS.

0	0	0	0	0	0	0	0	0	0
1	1	1	1	1	1	1	1	1	1
2	2	2	2	2	2	2	2	2	2
3	3	3	3	3	3	3	3	3	3
4	4	4	4	4	4	4	4	4	4
5	5	5	5	5	5	5	5	5	5
6	6	6	6	6	6	6	6	6	6
7	7	7	7	7	7	7	7	7	7
8	8	8	8	8	8	8	8	8	8
9	9	9	9	9	9	9	9	9	9

2 COMPLETE AS LACUNAS ESCREVENDO OS NÚMEROS POR EXTENSO.

A) 0: _____

B) 1: _____

C) 2: _____

D) 3: _____

E) 4: _____

F) 5: _____

G) 6: _____

H) 7: _____

I) 8: _____

J) 9: _____

3 COMPLETE OS ITENS A SEGUIR COM NÚMEROS.

A) QUANTIDADE DE DIAS DA SEMANA: _____.

B) QUANTIDADE DE DEDOS DE UMA MÃO: _____.

C) O MAIOR NÚMERO DE PONTOS DE UM DADO: _____.

4 NO DIAGRAMA DE PALAVRAS A SEGUIR, ENCONTRE O NOME DOS NÚMEROS DE 0 A 9.

Y	G	O	I	T	O	N	V	C	S	S	J
U	M	K	L	D	N	T	T	V	E	E	I
D	O	Z	T	M	M	Ç	Y	T	I	I	Y
O	U	L	G	F	Q	D	S	A	C	S	D
S	X	E	W	Q	U	E	I	E	D	H	H
O	I	R	F	T	A	H	J	U	A	D	S
C	M	B	X	Z	T	F	D	S	E	T	E
O	J	I	K	R	R	W	Q	X	C	X	L
R	T	T	F	D	O	I	S	U	F	Z	J
H	R	F	Q	A	Z	N	O	V	E	E	N
B	Ê	T	A	B	G	N	K	Q	S	R	W
F	S	C	C	I	N	C	O	V	O	O	D

3. DE 0 A 10

1 ESCREVA O NÚMERO DE CARINHAS ALEGRES EM CADA QUADRO.

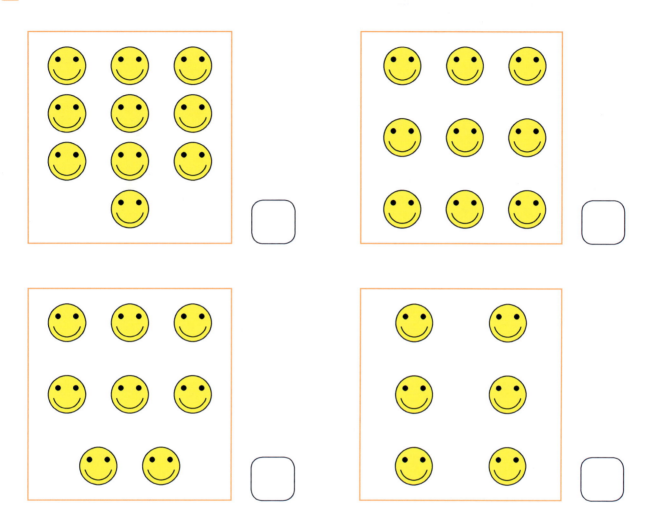

2 PINTE DA ESQUERDA PARA A DIREITA A QUANTIDADE DE QUADRINHOS INDICADA.

A) 5

B) 8

C) 4

D) 10

E) 7

3 LIGUE OS NÚMEROS DE 0 A 10 PARA COMPLETAR O DESENHO.

4 COMPLETE OS PONTOS NAS PEÇAS DO JOGO DE DOMINÓ.

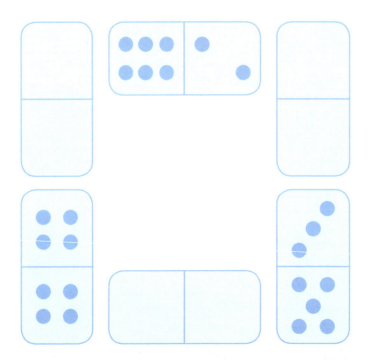

4. SEQUÊNCIAS

1 COMPLETE A RÉGUA COM OS NÚMEROS QUE ESTÃO FALTANDO.

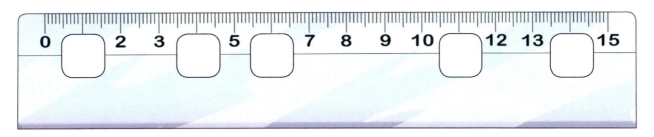

2 RESPONDA OBSERVANDO A RÉGUA.

A) QUAL É O NÚMERO QUE FICA ENTRE 10 E 12? _____

B) QUAL É O NÚMERO QUE FICA À DIREITA DO 14? _____

C) QUAIS SÃO OS NÚMEROS QUE ESTÃO ENTRE 10 E 15?
_____

D) QUAL É O NÚMERO QUE VEM IMEDIATAMENTE ANTES DO 9?
_____

3 ASSOCIAMOS UM NÚMERO A CADA MÊS DO ANO. LIGUE O NÚMERO AO NOME DO MÊS QUE CORRESPONDE A ELE.

1	MAIO
3	SETEMBRO
5	NOVEMBRO
7	MARÇO
9	JANEIRO
11	JULHO

4 A SEQUÊNCIA A SEGUIR TEM UM SEGREDO. DESCUBRA QUAL É O SEGREDO E COMPLETE A SEQUÊNCIA.

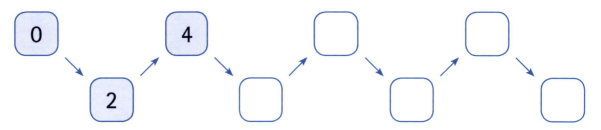

5 COPIE AS FIGURAS E PINTE CONFORME O TAMANHO E A COR.

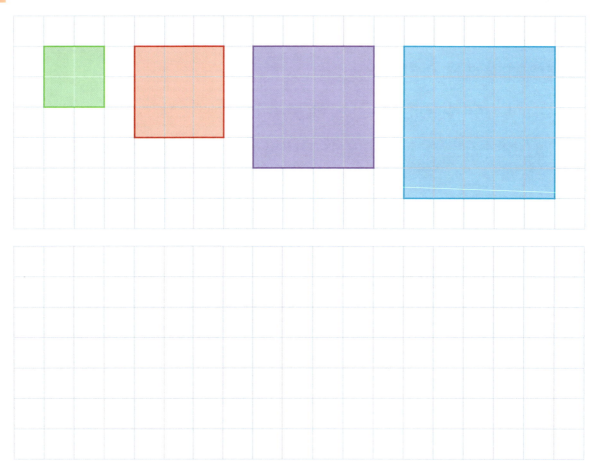

6 PINTE AS FIGURAS CONFORME O SEGREDO DA SEQUÊNCIA.

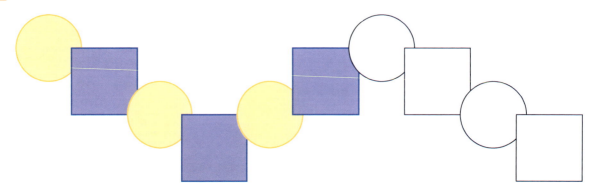

A MATEMÁTICA NO DIA A DIA

5. TABELAS E GRÁFICOS

6. CALENDÁRIO

7. MEDIDAS

8. NOSSO DINHEIRO

9. FIGURAS GEOMÉTRICAS NÃO PLANAS

5. TABELAS E GRÁFICOS

1 A TABELA CONTÉM O NÚMERO DE HORAS DE SONO, POR DIA, DE SEIS JOVENS. OBSERVE-A E RESPONDA ÀS QUESTÕES SEGUINTES.

JOVEM	NÚMERO DE HORAS
PEDRO	10
JOANA	8
LÚCIA	11
MARTA	9
PAULO	7
ANTÔNIA	8

A) QUAL DELES DORME MAIS HORAS POR DIA? _____

B) QUEM DORME A MENOR QUANTIDADE DE HORAS POR DIA? _____

C) QUEM DORME MAIS DE 8 HORAS POR DIA? _____

2 COMPLETE A TABELA COM AS INFORMAÇÕES DO GRÁFICO.

TURMA				
NÚMERO DE ALUNOS				

6. CALENDÁRIO

1 ESCREVA O DIA DA SEMANA QUE VEM ANTES DO DIA INDICADO.

A)	DOMINGO
B)	SEXTA-FEIRA
C)	QUARTA-FEIRA
D)	SÁBADO
E)	QUINTA-FEIRA
F)	SEGUNDA-FEIRA
G)	TERÇA-FEIRA

2 COMPLETE O CALENDÁRIO COM O NOME E OS DIAS DO MÊS EM QUE ESTAMOS E, DEPOIS, RESPONDA ÀS QUESTÕES.

A) QUANTOS DIAS TEM ESSE MÊS? _____

B) QUANTAS SEGUNDAS-FEIRAS HÁ NESSE MÊS? E DOMINGOS?
_____

C) EM QUAL DIA DA SEMANA DO ANO EM QUE ESTAMOS É SEU ANIVERSÁRIO? E EM QUAL MÊS? _____

3 COMPLETE DE ACORDO COM AS TAREFAS QUE VOCÊ COSTUMA FAZER NO DIA A DIA.

A) NO DOMINGO EU COSTUMO _____.

B) NA SEGUNDA-FEIRA EU TENHO _____.

C) NA TERÇA-FEIRA EU TENHO _____.

D) NA QUARTA-FEIRA EU TENHO _____.

E) NA QUINTA-FEIRA EU TENHO _____.

F) NA SEXTA-FEIRA EU TENHO _____.

G) NO SÁBADO EU GOSTO DE _____.

4 COMPLETE O DIAGRAMA DE PALAVRAS COM OS NOMES DOS MESES.

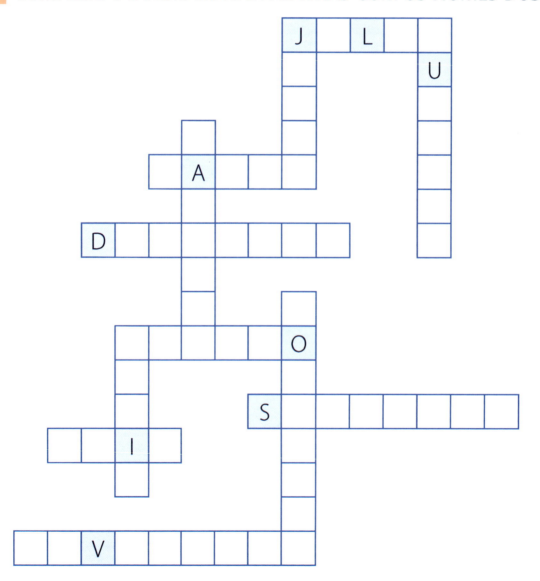

7. MEDIDAS

1 MARQUE COM UM **X** O QUE PODEMOS UTILIZAR PARA OBTER MEDIDAS DE COMPRIMENTO.

A) ☐ PALMO   C) ☐ COPO   E) ☐ BALANÇA
B) ☐ PÉ   D) ☐ RÉGUA   F) ☐ PASSO

2 RESPONDA:

A) QUANTOS PALMOS TEM A LARGURA DA JANELA DE SEU QUARTO?
_____

B) QUANTOS PALMOS TEM A LARGURA DA PORTA DE SEU QUARTO?
_____

3 OBSERVE NA MALHA QUADRICULADA A SEGUIR OS CAMINHOS QUE LIGAM ALGUNS PONTOS.

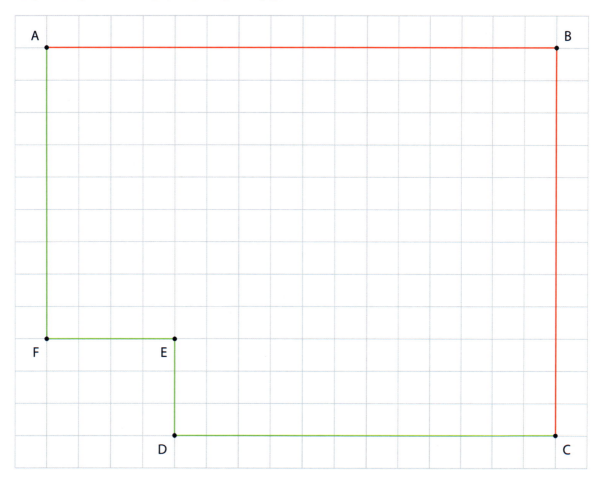

SE O LADO DE CADA QUADRADINHO CORRESPONDE A UM PASSO, RESPONDA:

A) QUANTOS PASSOS SÃO NECESSÁRIOS PARA IR DO PONTO **A** AO PONTO **C** USANDO O CAMINHO VERMELHO?
_____

B) QUANTOS PASSOS SÃO NECESSÁRIOS PARA IR DO PONTO **A** AO PONTO **C** USANDO O CAMINHO VERDE?
_____

C) USANDO O CAMINHO VERDE, QUAL É A MAIOR DISTÂNCIA: DO PONTO **A** AO PONTO **F** OU DO PONTO **D** AO PONTO **C**?
_____

8. NOSSO DINHEIRO

1 MARQUE COM UM **X** AS CÉDULAS CUJO VALOR SEJA MAIOR QUE 15 REAIS.

☐

☐

☐

☐

☐

☐

2 RESPONDA:

A) QUANTAS MOEDAS DE 50 CENTAVOS SÃO NECESSÁRIAS PARA TROCAR POR UMA MOEDA DE 1 REAL? _____

B) SE TENHO 5 MOEDAS DE 1 REAL, POSSO TROCÁ-LAS POR UMA CÉDULA DE QUANTOS REAIS? _____

C) SE TENHO UMA CÉDULA DE 10 REAIS, POSSO TROCÁ-LA POR QUANTAS CÉDULAS DE 2 REAIS? _____

3 OBSERVE A QUANTIA EM REAIS DE CADA CRIANÇA E RESPONDA.

ANTÔNIO

LUCIANA

LAURA

JOÃO VÍTOR

A) QUAL DAS CRIANÇAS TEM MAIS DINHEIRO?
_____

B) QUEM TEM MENOS DINHEIRO? _____

C) QUANTOS REAIS TÊM LAURA E JOÃO VÍTOR JUNTOS? _____

9. FIGURAS GEOMÉTRICAS NÃO PLANAS

1 MARQUE COM UM **X** A FIGURA GEOMÉTRICA QUE MAIS SE PARECE COM UMA CAIXA DE SAPATOS.

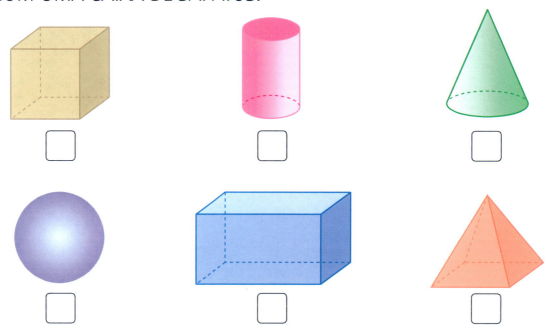

2 MARQUE COM UM **X** A FIGURA GEOMÉTRICA MAIS PARECIDA COM O CUBO MÁGICO.

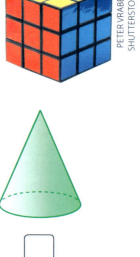

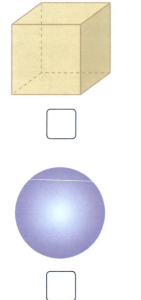

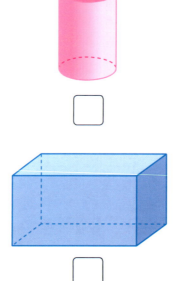

Adição

10. Ideias da adição
11. Representação da adição
12. Adição de três números
13. Ordem crescente e ordem decrescente

10. Ideias da adição

1 Observe as imagens a seguir.

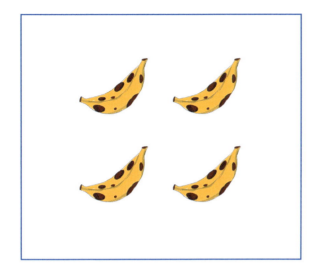 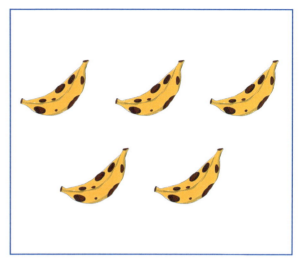

Juntando 4 bananas com 5 bananas, teremos _____ bananas.

2 Observe as cédulas de dinheiro e complete a frase.

Juntando _____ reais com _____ reais, temos _____ reais.

3 Resolva os problemas a seguir.

a) Hoje pela manhã encontrei 2 amigos e, à tarde, outros 6 amigos. Quantos amigos encontrei hoje?

b) Eu tinha no meu bolso 2 reais em moedas e ganhei uma cédula de 5 reais de meu pai. Qual é a quantia que tenho agora?

4. Junte os pontos dos dois lados de cada peça de dominó e complete as sentenças.

a)  Juntando _____ pontos com _____ pontos, o resultado é _____ pontos.

b)  Juntando _____ pontos com _____ pontos, o resultado é _____ pontos.

c)  Juntando _____ pontos com _____ ponto, o resultado é _____ pontos.

d)  Juntando _____ ponto com _____ pontos, o resultado é _____ pontos.

11. Representação da adição

1. Complete as adições de acordo com as cores dos quadrados de cada item.

a) _____ + _____ = _____

b) _____ + _____ = _____

c) _____ + _____ = _____

d) _____ + _____ = _____

23

2 Escreva o resultado de cada adição.

a) 0 + 3 = _____

b) 7 + 0 = _____

c) 1 + 5 = _____

d) 3 + 4 = _____

e) 5 + 0 = _____

f) 8 + 1 = _____

3 Pinte o desenho de acordo com a legenda.

soma igual a 4

soma igual a 5

soma igual a 6

soma igual a 7

soma igual a 8

soma igual a 9

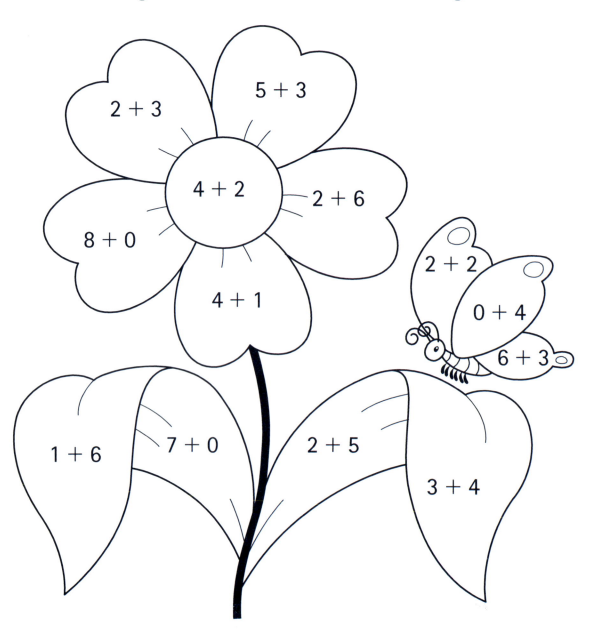

12. Adição de três números

1 Complete escrevendo os resultados das adições.

a) 2 + 3 + 1 = _____
b) 4 + 1 + 2 = _____
c) 3 + 3 + 3 = _____
d) 1 + 2 + 5 = _____

e) 0 + 8 + 0 = _____
f) 4 + 0 + 1 = _____
g) 2 + 2 + 0 = _____
h) 3 + 3 + 1 = _____

2 Resolva os problemas a seguir.

a) Tenho 2 reais, minha irmã tem 3 reais e meu irmão, 4 reais. Quantos reais temos juntos?

_____

b) Pela manhã 3 alunos compareceram à biblioteca. No começo da tarde 2 alunos foram à biblioteca, e, no final da tarde, mais 1 aluno. Ao todo, quantos alunos foram à biblioteca nesse dia?

_____

c) As únicas cédulas de reais que estão no meu bolso são iguais. Quantas cédulas eu tenho e qual é o valor de cada uma, se ao todo tenho 6 reais?

_____

3 Complete os pontos da última peça de dominó de modo que a soma dos pontos das três peças seja igual a 9.

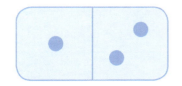 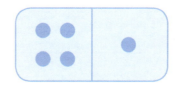 

13. Ordem crescente e ordem decrescente

1 Complete a sequência numérica escrevendo os números em ordem **decrescente**.

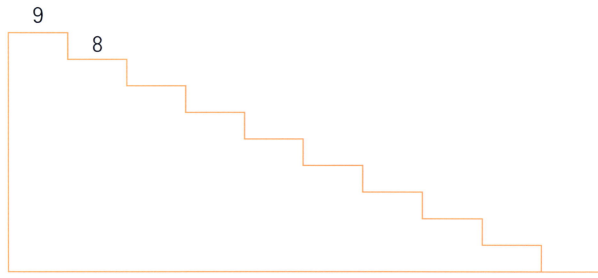

9
8

2 Complete, em ordem **crescente**, a sequência de números de 10 a 25.

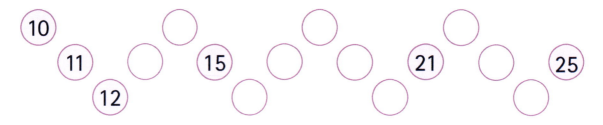

10, 11, 12, 15, 21, 25

3 Observando a sequência da atividade **2**, responda às questões.

a) Qual é o menor número? _____

b) Qual é o maior número? _____

c) Quais são os números que estão entre 10 e 20?
_____

4 Escreva os números de 20 até 31 em:

a) ordem crescente → _____

b) ordem decrescente → _____

26

5 Descubra qual é o segredo de cada sequência e complete-as.

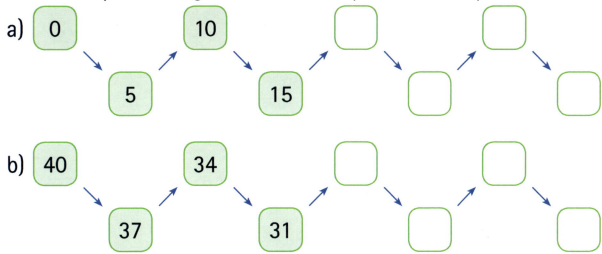

6 Ligue os pontos na sequência dos números de 0 até 50 para descobrir o desenho.

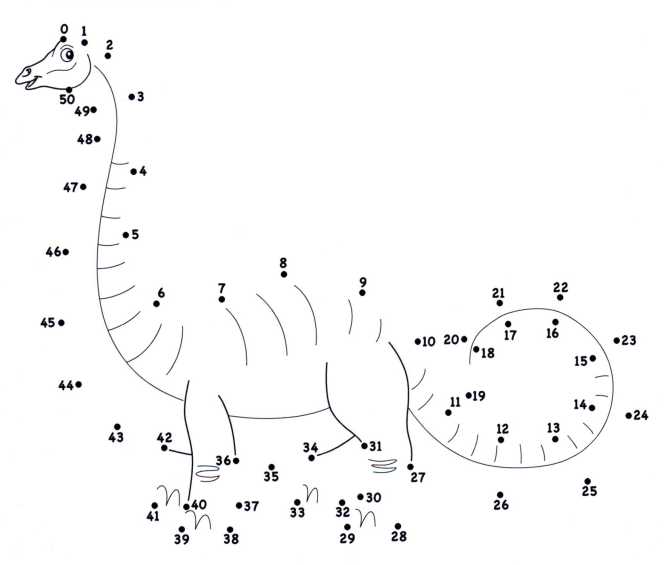

Geometria

14. Sólidos geométricos

15. Vistas

14. Sólidos geométricos

1 Escreva nos espaços a seguir os nomes dos elementos do paralelepípedo. Depois responda às questões.

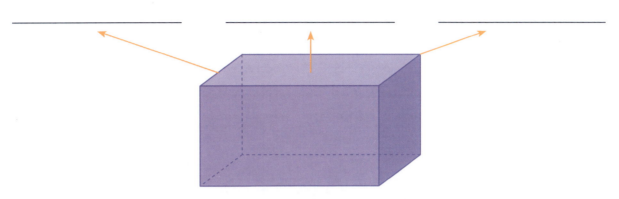

a) Quantas arestas tem o paralelepípedo? _____

b) Qual é o número total de vértices? _____

c) Quantas são as faces? _____

2 Com vários cubos menores e iguais, Marta construiu um cubo maior, como mostra a figura a seguir.

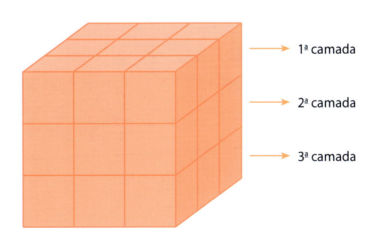

Responda:

a) Quantos cubos pequenos há em cada camada? _____

b) E na figura toda? _____

3 Pinte o cubo e sua planificação usando três cores diferentes.

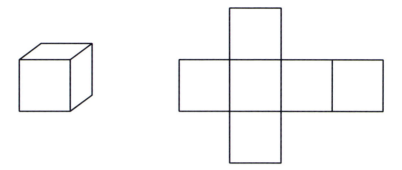

4 Pinte o paralelepípedo e sua planificação com três cores diferentes.

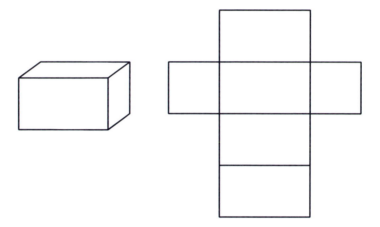

15. Vistas

1 Vivian está olhando, de frente, para uma figura formada por cubos, como indica a seta.

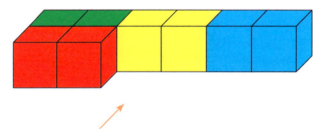

A figura a seguir representa a vista que Vivian teve dos cubos coloridos. Pinte-a usando as mesmas cores da figura original, seguindo a ordem em que os cubos estão dispostos.

2 Marcos, Márcia e Marina estão olhando para um mesmo caminhão, conforme posições indicadas na figura.

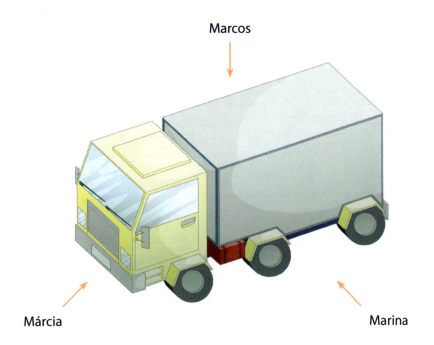

Escreva o nome da pessoa de acordo com a vista que ela teve do caminhão.

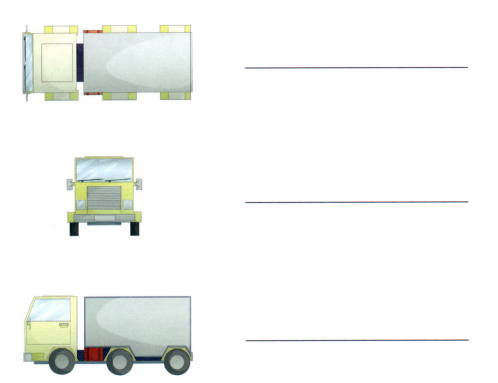

Subtração

16. Ideias da subtração

17. Representação da subtração

18. Situações de subtração

19. Adição e subtração

16. Ideias da subtração

1 Responda às questões.

a) Se daqui a 2 anos terei 9 anos, qual é minha idade hoje?
_____

b) Eu tenho 8 anos e meu irmão tem 6 anos. Quantos anos tenho a mais que ele? _____

c) Tenho 2 reais e quero comprar um lanche que custa 7 reais. Quantos reais faltam? _____

d) Se eu comprar mais 3 figurinhas ficarei com 9 figurinhas. Quantas figurinhas tenho? _____

e) Eu tinha uma coleção com 9 carrinhos. Doei 5 para um orfanato. Com quantos carrinhos fiquei? _____

2 Observe as três cenas e complete a frase.

No jantar havia _____ amigos; _____ deles se levantaram e foram embora. Ficaram ainda _____ amigos.

3 Marta pintou 8 retângulos de vermelho.

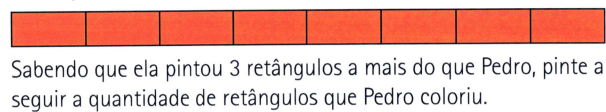

Sabendo que ela pintou 3 retângulos a mais do que Pedro, pinte a seguir a quantidade de retângulos que Pedro coloriu.

4 Resolva os problemas a seguir.

a) Juntei uma cédula de 5 reais com uma cédula de 2 reais. Quantos reais ainda faltam para eu ter 10 reais?

_____

b) Na minha turma há 5 meninas a mais do que meninos. Sabendo que ao todo há 9 meninas na turma, quantos são os meninos?

_____

17. Representação da subtração

1 Complete com os resultados das subtrações.

a) 7 − 2 = _____

b) 9 − 7 = _____

c) 8 − 0 = _____

d) 6 − 3 = _____

e) 9 − 9 = _____

f) 5 − 4 = _____

g) 6 − 1 = _____

h) 8 − 4 = _____

2. Descubra o segredo da sequência e continue completando.

a)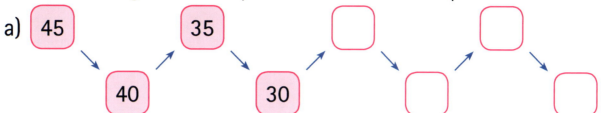

3. Pinte o desenho de acordo com a legenda.

- resto igual a 0
- resto igual a 2
- resto igual a 4
- resto igual a 1
- resto igual a 3
- resto igual a 5

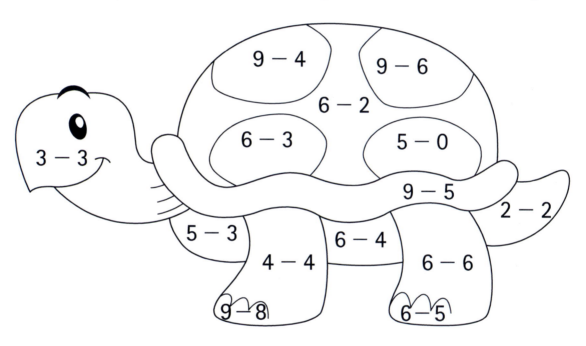

18. Situações de subtração

1. Observe as duas figuras e responda às questões. A figura 2 é formada por cubos menores, que têm o mesmo tamanho que o cubo da figura 1.

figura 1

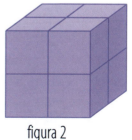
figura 2

a) Quantos cubos menores formam a figura 2? _____

b) A figura 2 é formada por quantos cubos a mais do que a figura 1? _____

2. Rafael desenhou uma sequência formada por pequenas bolinhas.

Responda:

a) Quantas bolinhas a figura 2 tem a mais que a figura 1?
_____

b) Quantas bolinhas a figura 3 tem a mais que a figura 2?
_____

c) Quantas bolinhas a figura 4 tem a mais que a figura 3?
_____

d) Se houvesse a figura 5, quantas bolinhas ela teria?
_____

3. Ligue cada figura com a subtração que representa a quantidade de retângulos que falta colorir. Veja o exemplo.

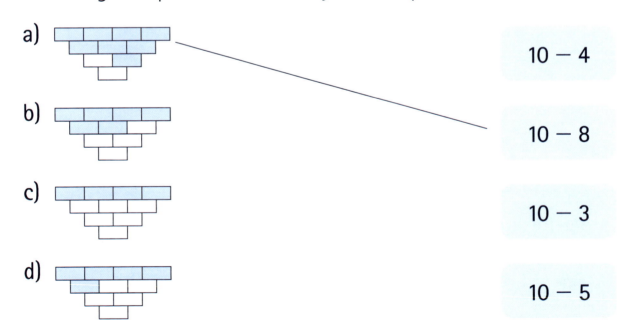

19. Adição e subtração

1 Complete as adições e as subtrações.

a) _____ + 8 = 9   c) _____ + 7 = 7   e) _____ + 1 = 5

b) _____ − 8 = 1   d) _____ − 6 = 0   f) _____ − 0 = 8

2 Complete a tabela escrevendo os resultados das adições conforme o exemplo.

+	1	2	3	4	5
1					
2					
3			6		
4					
5					

3 Resolva os problemas a seguir.

a) Se eu juntar 5 reais com 3 moedas de 1 real, quantos reais obterei?

_____

b) Tenho 9 anos de idade e minha irmã tem 4 anos a menos do que eu. Qual será a idade de minha irmã no ano que vem?

_____

c) Júlia tem 1 cédula de 10 reais e Ana tem 1 cédula de 5 reais e 2 moedas de 1 real. Qual delas tem a maior quantia e quantos reais tem a mais do que a outra?

_____

Números até 100

20. De 0 a 10

21. Dezena

22. De 0 a 19

23. De 10 em 10

24. De 0 a 100

25. Sequências numéricas

20. De 0 a 10

1 Observe a régua e a tira colorida e responda às questões.

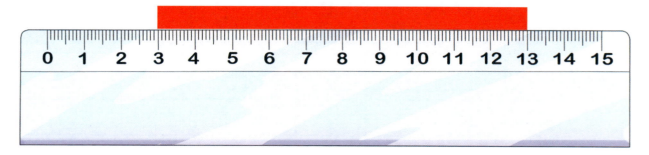

a) Quantos centímetros de comprimento tem a tira colorida?
_____

b) Para que ela fique com comprimento de 18 cm, devemos aumentá-la em quantos centímetros? _____

2 Ligue cada adição com a figura correspondente.

a) 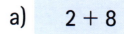 2 + 8

b) 6 + 4

c) 3 + 7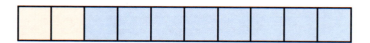

d) 1 + 9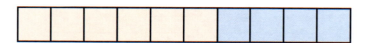

e) 5 + 5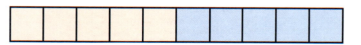

3 Pinte a quantidade de quadrinhos correspondente ao número, conforme o exemplo. Use a cor que desejar.

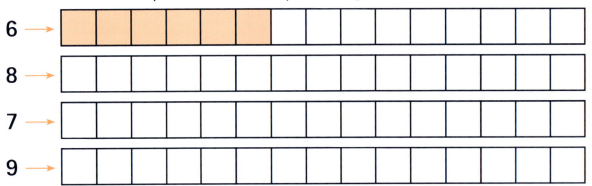

21. Dezena

1 Pinte uma dezena de cubos de amarelo e uma dezena de cubos de azul.

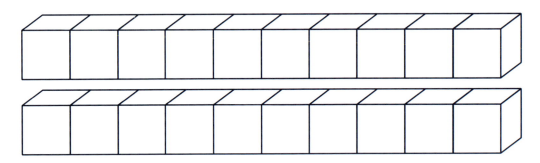

Responda: Quantas dezenas de cubos você pintou? _____

2 Observe as quantias de dois amigos e responda às questões.

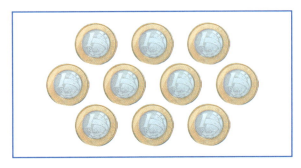
Maurício

Mateus

a) A quantos reais corresponde 1 dezena de reais?
_____

b) Qual dos amigos tem 1 dezena de reais? _____

3 Uma dezena de carinhas alegres foi circulada abaixo.

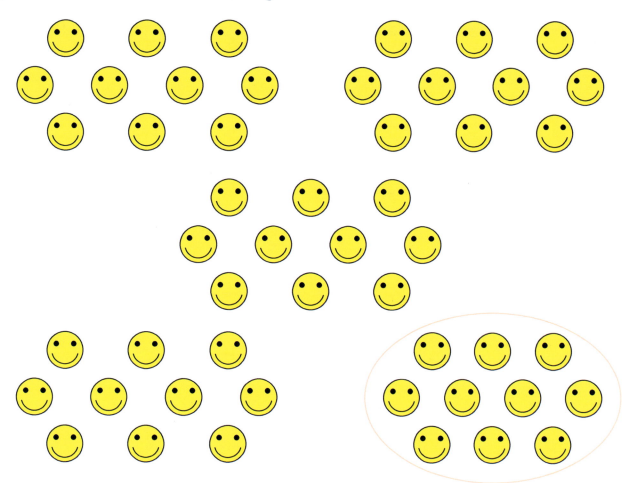

Circule outras dezenas de carinhas e responda: Quantas dezenas de carinhas foram circuladas ao todo? _____

22. De 0 a 19

1 Escreva os números por extenso.

a) 11 _____

b) 12 _____

c) 13 _____

d) 14 _____

e) 15 _____

f) 16 _____

g) 17 _____

h) 18 _____

i) 19 _____

2 Complete escrevendo os números que faltam.

a) Juntando 1 cédula de 10 reais com 5 moedas de 1 real, temos _____ reais.

b) Juntando 1 cédula de 10 reais com 6 moedas de 1 real, temos _____ reais.

c) Juntando 1 cédula de 10 reais com 7 moedas de 1 real, temos _____ reais.

d) Juntando 1 cédula de 10 reais com 8 moedas de 1 real, temos _____ reais.

e) Juntando 1 cédula de 10 reais com 9 moedas de 1 real, temos _____ reais.

3 Continue desenhando até obter o número indicado.

a) 15

c) 18

b) 19

d) 13

4 Jogo da atenção.

Conte quantos elementos de cada tipo há no quadro da esquerda e escreva a quantidade deles no espaço respectivo do quadro à direita.

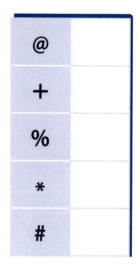

5 Complete o diagrama de palavras escrevendo os números de 0 a 19 por extenso. Atenção, pois cada palavra deve ser escrita no espaço correto.

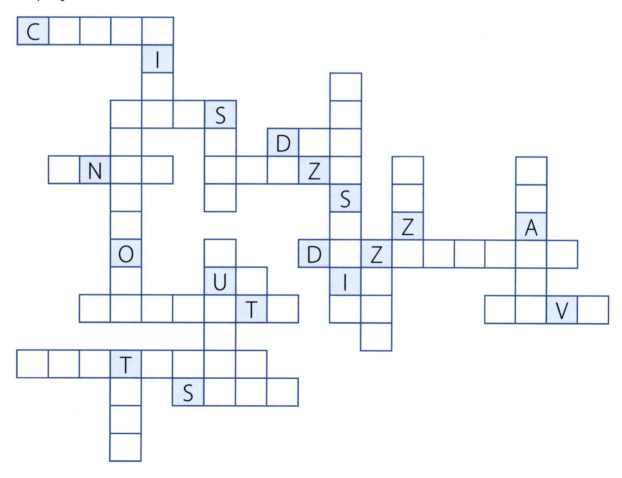

23. De 10 em 10

1 Complete as lacunas.

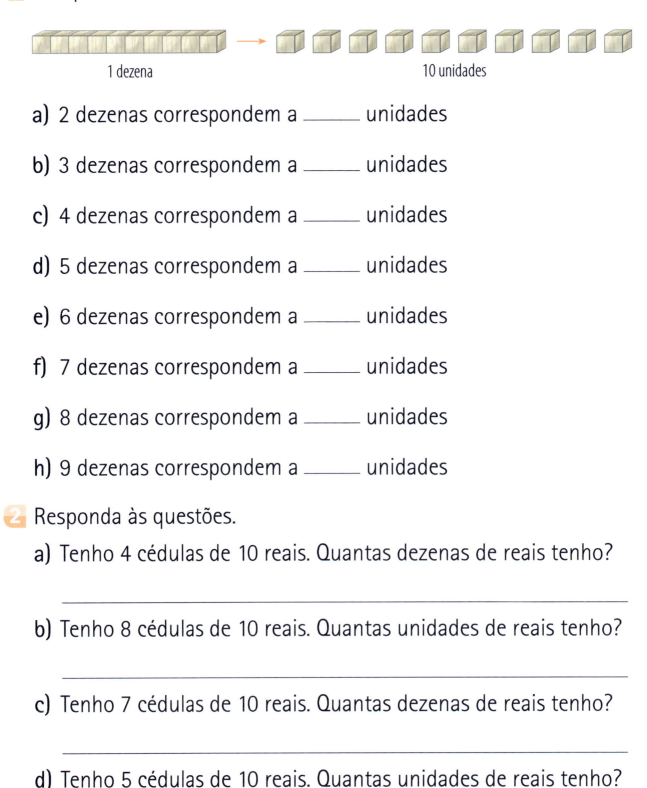

1 dezena → 10 unidades

a) 2 dezenas correspondem a _____ unidades

b) 3 dezenas correspondem a _____ unidades

c) 4 dezenas correspondem a _____ unidades

d) 5 dezenas correspondem a _____ unidades

e) 6 dezenas correspondem a _____ unidades

f) 7 dezenas correspondem a _____ unidades

g) 8 dezenas correspondem a _____ unidades

h) 9 dezenas correspondem a _____ unidades

2 Responda às questões.

a) Tenho 4 cédulas de 10 reais. Quantas dezenas de reais tenho?

_____

b) Tenho 8 cédulas de 10 reais. Quantas unidades de reais tenho?

_____

c) Tenho 7 cédulas de 10 reais. Quantas dezenas de reais tenho?

_____

d) Tenho 5 cédulas de 10 reais. Quantas unidades de reais tenho?

_____

3 Complete escrevendo os números por extenso. Depois localize esses nomes no diagrama de palavras.

a) 10 unidades: _____

b) 20 unidades: _____

c) 30 unidades: _____

d) 40 unidades: _____

e) 50 unidades: _____

f) 60 unidades: _____

g) 70 unidades: _____

h) 80 unidades: _____

i) 90 unidades: _____

A	J	R	V	G	U	C	A	C	D	U	H	Q	K	F	Y	H
S	N	V	G	H	S	S	A	C	R	T	Y	U	J	A	E	U
X	N	K	F	D	E	Z	K	L	Ç	X	C	A	G	E	S	N
S	D	J	H	C	S	Z	T	Y	U	I	K	R	M	N	D	R
E	D	P	G	G	S	J	Y	V	N	O	V	E	N	T	A	S
C	I	N	Q	U	E	N	T	A	Z	D	N	N	Ç	L	F	E
D	F	V	G	T	N	A	Q	W	S	O	I	T	E	N	T	A
L	K	H	G	E	T	D	H	J	E	K	A	A	E	R	R	Y
H	R	E	D	C	A	H	J	O	T	P	W	S	E	M	I	P
J	G	F	Y	Q	A	W	S	F	E	Ç	J	K	U	N	N	P
F	C	V	I	N	T	E	D	R	Z	T	H	L	O	F	T	U
A	E	S	E	R	K	J	K	Y	G	F	R	T	E	I	A	R
E	I	D	S	E	R	S	E	T	E	N	T	A	G	R	C	E

24. De 0 a 100

1 Complete o quadro com os números de 31 a 100. Depois responda às questões.

31	32	33							
41			44						
		53					58		
			64						
					76				80
				85					90
91									

a) Qual é o menor número do quadro? _____

b) Qual é o maior número do quadro? _____

c) Quais são os números que estão entre 44 e 50?
_____

2 Observe como decompomos e lemos um número:

$$95 = 90 + 5 \longrightarrow \textbf{noventa e cinco}$$

Agora faça o mesmo com os números a seguir.

a) 83 = _____

b) 47 = _____

c) 29 = _____

d) 78 = _____

e) 91 = _____

46

3. Observe as peças do Material Dourado representadas em cada item e complete o quadro com as dezenas e as unidades equivalentes.

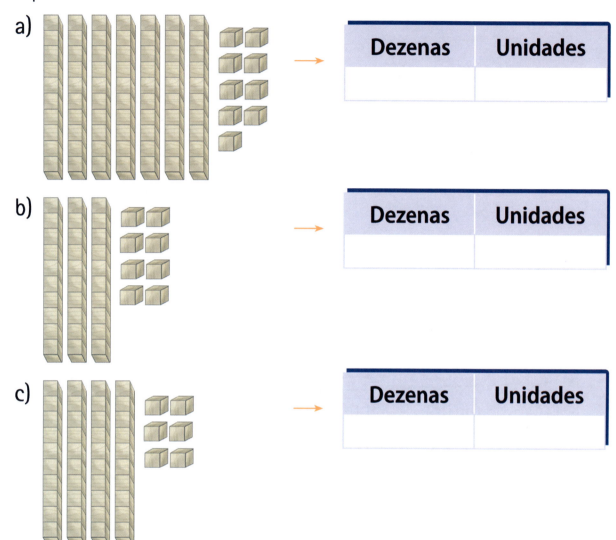

25. Sequências numéricas

1. O número 48 está entre as dezenas exatas 40 e 50.

40   48   50

Complete as lacunas com as dezenas exatas mais próximas dos números a seguir.

a) ____; 55; ____   c) ____; 37; ____   e) ____; 62; ____

b) ____; 88; ____   d) ____; 22; ____   f) ____; 44; ____

2 Descubra o segredo das sequências e complete-as.

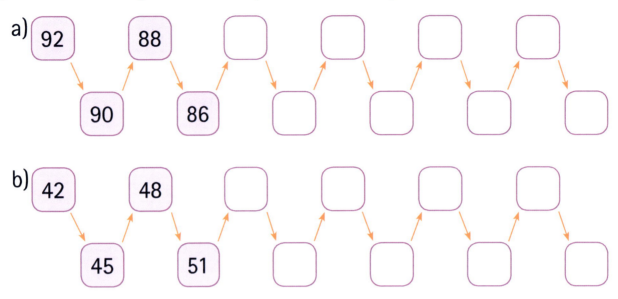

c) Observe essas sequências da esquerda para direita e responda:
- Qual delas é crescente? _____
- Qual delas é decrescente? _____

3 No quadro alguns números foram substituídos por símbolos. Escreva os números fazendo a correspondência com o símbolo correto.

1	2	☀	4	5	6	7	🍦	9	10
11	12	13	14	15	☁	17	18	19	20
✏	22	23	24	25	26	27	28	29	🦋
31	32	33	34	35	36	⭐	38	39	40
41	🌳	43	44	45	46	47	☂	49	50
51	52	53	🚗	55	56	57	58	🏐	60

☀ 🍦 ☁ ✏ 🦋 ⭐ 🌳 ☂ 🚗 🏐

____ ____ ____ ____ ____ ____ ____ ____ ____ ____

48

Adição e subtração

26. Adição com números até 99
27. Subtração com números até 99

26. Adição com números até 99

1 Efetue as adições a seguir fazendo a decomposição em dezenas e unidades.

a) 44 + 25 = _____

b) 71 + 16 = _____

c) 22 + 77 = _____

d) 33 + 65 = _____

e) 32 + 24 = _____

f) 14 + 43 = _____

g) 51 + 28 = _____

h) 41 + 57 = _____

2 Resolva os problemas a seguir.

a) Mateus tinha 44 reais e ganhou uma cédula de 20 reais de seu pai. Qual é a quantia total que ele tem agora?

_____.

b) Mônica tem 37 anos de idade. Qual será a idade dela daqui a 13 anos?

_____.

c) Célia tem 2 moedas de 25 centavos, sua irmã tem 2 moedas de 10 centavos e mais 3 moedas de 1 centavo. Que quantia elas têm juntas?

_____.

27. Subtração com números até 99

1 Resolva as subtrações a seguir.

a) 99 − 41 = _____

D	U

b) 87 − 33 = _____

D	U

c) 65 − 32 = _____

D	U

d) 49 − 32 = _____

D	U

e) 66 − 25 = _____

D	U

f) 39 − 17 = _____

D	U

2 Descubra o segredo de cada sequência e complete-as.

a)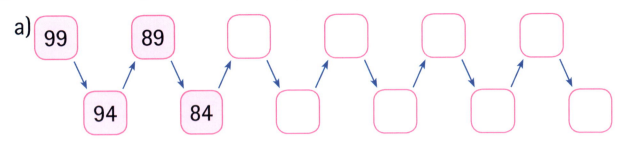

Qual é o segredo? _____

b)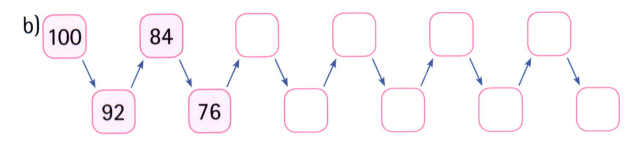

Qual é o segredo? _____

3 Resolva os problemas a seguir.

a) Se hoje Márcia tem 49 anos, que idade ela tinha 11 anos atrás?

_____.

b) Dei uma cédula de 100 reais para pagar uma compra de 70 reais. Quanto recebi de troco?

_____.

c) Já guardei 22 reais. Quantos reais ainda preciso juntar para comprar uma calça que custa 77 reais?

_____.

Multiplicação e divisão

28. Ideias da multiplicação
29. Multiplicação por 2
30. Multiplicação por 3
31. Multiplicação por 4
32. Multiplicação por 5
33. Ideias da divisão
34. Situações de divisão
35. Divisão por 4 e por 5

28. Ideias da multiplicação

1 Escreva o total em reais das 3 cédulas.

a) 5 + 5 + 5 = _____

b) Ao todo, são 3 vezes 5 reais, isto é _____.

2 Desenhe 6 bolinhas em cada quadro e responda à questão.

- Quantas bolinhas você desenhou ao todo nos 3 quadros?

_____

3 Em relação à atividade anterior, complete as lacunas.

a) O total de bolinhas desenhadas é obtido pela adição:

_____ + _____ + _____ = _____

b) O total de bolinhas desenhadas é obtido pela multiplicação:

_____ × _____ = _____

29. Multiplicação por 2

1 Complete as operações indicadas.

a) 7 + 7 = _____ × _____ = _____

b) 5 + 5 = _____ × _____ = _____

c) 9 + 9 = _____ × _____ = _____

d) 1 + 1 = _____ × _____ = _____

2 Responda às questões.

a) Qual é o dobro de 10 reais? _____

b) Qual é o dobro de 11 litros? _____

c) Qual é o dobro de 7 anos de idade? _____

d) Qual é o dobro de 8 centímetros? _____

3 Antônio comprou duas embalagens com ovos.

a) Represente por meio de uma adição o total de ovos que Antônio comprou.

_____

b) Represente por meio de uma multiplicação o total de ovos que Antônio comprou.

_____

4. Resolva os problemas a seguir.

a) Paguei uma compra com 2 cédulas de 10 reais e 2 cédulas de 5 reais. Que quantia dei ao vendedor para pagar a conta?

_____.

b) Eu tenho o dobro da idade de meu irmão. Se meu irmão tem 9 anos, qual é minha idade?

_____.

30. Multiplicação por 3

1. Responda às questões.

   a) Qual é o triplo de 10 reais? _____

   b) Qual é o triplo de 7 litros? _____

   c) Qual é o triplo de 8 anos de idade? _____

   d) Qual é o triplo de 9 centímetros? _____

2. Na loja de Gilmara, o suco de morango é vendido em embalagens com 6 latas de suco em cada uma. Responda às questões.

   a) Ao comprar 2 embalagens, quantas latas de suco de morango uma pessoa obtém? _____

   b) E se comprar 3 embalagens? _____

3 Complete as multiplicações.

a) 3 × _____ = 9

b) 3 × _____ = 18

c) 3 × _____ = 30

d) 3 × _____ = 6

e) 3 × _____ = 24

f) 3 × _____ = 3

g) 3 × _____ = 21

h) 3 × _____ = 0

4 Observe os desenhos e responda às questões.

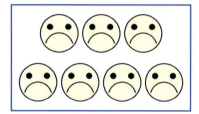 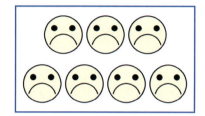 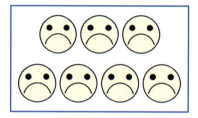

a) Quantas carinhas tristes há em cada quadro?

_____

b) Ao todo, quantas são as carinhas tristes?

_____

5 Resolva os problemas a seguir.

a) Ontem ganhei 9 reais e hoje ganhei o triplo de ontem. Quantos reais ganhei juntando o que obtive ontem com o que ganhei hoje?

_____

b) Na escola estão estacionados 3 carros e 3 motocicletas. Sem considerar os estepes, qual é o número total de rodas desses veículos?

_____

31. Multiplicação por 4

1 Ligue as multiplicações a seus resultados.

4 × 2	36
4 × 5	24
4 × 9	16
4 × 8	20
4 × 6	8
4 × 4	32

2 Resolva os problemas a seguir.

a) Há 4 carros no pátio com 4 pessoas em cada carro. Quantas pessoas há ao todo?

b) Eu tenho no bolso 4 cédulas de 10 reais e 4 cédulas de 5 reais. Quanto tenho no total?

32. Multiplicação por 5

1 Complete as multiplicações.

a) 5 × _____ = 15

b) 5 × _____ = 30

c) 5 × _____ = 50

d) 5 × _____ = 10

e) 5 × _____ = 40

f) 5 × _____ = 5

g) 5 × _____ = 35

h) 5 × _____ = 0

2 Resolva os problemas a seguir.

a) Nossa turma foi organizada em 5 equipes com 6 alunos em cada equipe. Quantos alunos há na turma?

b) Lancei um dado 5 vezes e em cada vez obtive 4 pontos. Quantos pontos consegui ao todo?

c) Na minha carteira há 5 cédulas de 10 reais e 4 cédulas de 5 reais. Quanto dinheiro tenho na carteira?

3 Observe a quantia de cada garota.

Júlia Laura Maria

a) Qual é a quantia que cada uma tem?
_____
_____

b) Represente essas quantias por meio de multiplicações.
_____
_____

33. Ideias da divisão

1 Divida os círculos coloridos em 3 grupos com a mesma quantidade em cada grupo.

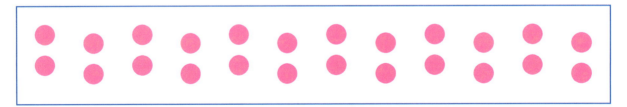

Agora responda:

a) Quantos círculos há em cada grupo? _____

b) Qual é o resultado de 24 ÷ 3? _____

2 Desenhe o total de 12 estrelinhas nos quadros a seguir, mas em cada quadro deve haver o mesmo número de estrelinhas.

Agora responda:

a) Quantas estrelinhas você desenhou em cada quadro?
_____

b) Qual é o resultado da divisão de 12 por 3? _____

3 Divida os quadrados a seguir em grupos com 7 quadrados em cada um.

a) Qual é o total de quadrados? _____

b) Quantos grupos foram formados? _____

c) Represente essa situação por meio de uma divisão.
_____

34. Situações de divisão

1 Divida os 32 carrinhos em 4 grupos mantendo a mesma quantidade de carrinhos em cada grupo.

Responda:

a) Qual é o resultado da divisão 32 ÷ 4? _____

b) Quantos carrinhos ficaram em cada grupo?
_____

2 Resolva os problemas a seguir.

a) A quantia de 20 reais será dividida igualmente entre 4 amigos. Com que quantia cada amigo ficará?
_____

b) Marta tem 28 anos e sua irmã mais nova tem a metade da idade dela. Qual é a idade da irmã mais nova de Marta?
_____

c) Uma dúzia de ovos será usada para fazer 3 receitas de bolo. Para cada receita, utiliza-se a mesma quantidade de ovos. Qual é essa quantidade?

_____

d) A turma tem 24 alunos. Quantas equipes de 3 alunos é possível formar?

_____

35. Divisão por 4 e por 5

1 Calcule as divisões observando a tabela de multiplicação.

×	0	1	2	3	4	5	6	7	8	9	10
4	0	4	8	12	16	20	24	28	32	36	40
5	0	5	10	15	20	25	30	35	40	45	50

a) 30 ÷ 5 = _____

b) 36 ÷ 4 = _____

c) 24 ÷ 4 = _____

d) 45 ÷ 5 = _____

e) 16 ÷ 4 = _____

f) 32 ÷ 4 = _____

g) 35 ÷ 5 = _____

h) 28 ÷ 4 = _____

2 Resolva os problemas a seguir.

a) Uma cédula de 50 reais foi trocada por 5 cédulas, todas com o mesmo valor. Qual é o valor de cada cédula?

_____

b) A tira colorida deve ser dividida em 5 pedaços de mesmo tamanho. Qual será o tamanho de cada pedaço?

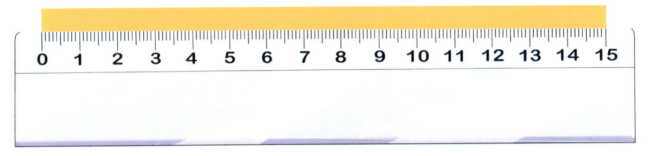

_____

c) Os ovos das embalagens serão colocados em pacotes com 4 ovos cada. Quantos pacotes serão feitos?

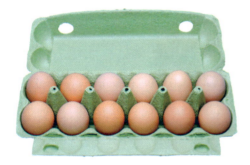 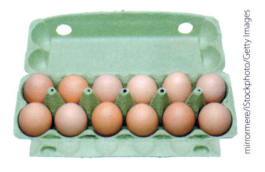

_____

3 Responda às questões.

a) Qual é a metade de 30 reais? _____

b) Qual é o dobro de 12 cm? _____

c) Qual é a metade de 2 dezenas de laranjas? _____